Das neue
Tortenbuch

Weltbild

Inhalt

Philadelphia® – ein himmlischer Genuss

Philadelphia® ist weit mehr als ein Brotaufstrich. Neben dieser klassischen Verwendung und als Zutat zum Kochen ist besonders die Philadelphia® Torte sehr beliebt. Doch wussten Sie, dass sich neben der klassischen Philadelphia® Torte noch viele, viele andere tolle Tortenkreationen mit Philadelphia® zubereiten lassen? Viel Spaß beim Ausprobieren!

Qualität setzt sich durch

Aufgrund des himmlisch cremigen und köstlich frischen Geschmacks hat Philadelphia seit über 40 Jahren einen festen Platz auf den Tischen qualitätsbewusster Genießer.

In der Welt ist Philadelphia allerdings schon weit länger zu Hause: Bereits im Jahre 1880 kreierte der New Yorker Ladenbesitzer Reynolds den Urahnen der heutigen Philadelphia Frischkäsezubereitung. Nicht nur dessen Zutaten wählte er mit größter Sorgfalt aus, sondern auch den Produktnamen: Die amerikanische

Wenige Zutaten reichen aus, um die himmlische Creme für die Philadelphia Torte zuzubereiten.

Stadt Philadelphia war damals Inbegriff von Fortschritt und Natürlichkeit. Es dauerte nicht lange, bis die hohe Qualität der Zutaten sowie der frische und einzigartige Geschmack von Philadelphia auch den letzten kritischen Genießer überzeugt hatte, und das Produkt so im Sturm den amerikanischen Markt eroberte. Und auch in Deutschland wurde Philadelphia bereits kurz nach Markteinführung in 1961 zu einer der beliebtesten Frischkäsezubereitungen.

Ein wertvolles Milchprodukt

Philadelphia ist den hohen Ansprüchen an sich selbst immer treu geblieben. So unterliegt seine Produktion

im KRAFT Werk Bad Fallingbostel seit eh und je strengsten Qualitätskontrollen. Die Verwendung ausgesuchter Zutaten, wie bester Kuhmilch von ausgewählten Lieferanten und reinster Sahne, garantiert die kontinuierlich hohe Qualität. So exakt kontrolliert die Zubereitung in der Praxis abläuft, so einfach ist sie im Prinzip. Die Sahne-Milch-Mischung wird mit weiteren Milcherzeugnissen verfeinert und unter hohem Druck homogenisiert und dann pasteurisiert. Anschließend wird die Milch unter Einwirkung spezieller Bakterienkulturen »dickgelegt«. Über einen sogenannten Separator erfolgt anschließend die Trennung von Käsemasse und Molke. Nach abermaligem Homogenisieren, was Philadelphia seine unnachahmliche Cremigkeit gibt, und erneutem Erhitzen wird er in seine Verpackung gefüllt.

Genuss pur

Dass sich Philadelphia immer größerer Beliebtheit erfreut, kommt nicht von ungefähr.
Zum einen liegt dies an seiner Vielseitigkeit. Ob als Zutat in Süßem oder Pikantem, Kaltem oder Warmem, Feinem oder Deftigem. Philadelphia harmoniert mit fast allen Geschmacksrichtungen.
Zum anderen ist Philadelphia in vielen leckeren Sorten erhältlich. Mit verschiedenen Zutaten wie Kräutern, Meerrettich oder Chili ist für jeden Geschmack etwas dabei. Und für den ernährungsbewussten Ge-

nießer gibt es mit Philadelphia *Balance* und Philadelphia *so leicht* fettreduzierte Sorten im Angebot. Aber sicher ist: Für welche Verwendungsart und Sorte man sich auch entscheidet – himmlischer Genuss ist immer garantiert.

Rezepte schnell & einfach

Die Philadelphia Torte lässt sich immer wieder neu interpretieren, basiert aber jeweils auf dem klassischen Grundrezept auf Seite 8. Hier finden sich auch hilfreiche kleine Tipps und Tricks zur Zubereitung, Aufbewahrung oder Vorbereitung. Alle Rezepte in diesem Buch sind mit viel Liebe zum Detail entwickelt und mehrfach getestet worden. Insbesondere wurde darauf geachtet, dass die Zubereitungszeit in der Regel eine halbe Stunde nicht überschreitet und alle Schritte schnell und einfach umsetzbar sind – kein Einkauf von komplizierten Zutaten, Einsatz von unüblichen Küchengeräten oder viel Abwasch. Somit bleibt mehr Zeit zum Genießen mit Freunden und Familie.

Kleines & Feines

Lust auf weitere Ideen mit Philadelphia für die Kaffeetafel? Ob Brownie oder Tiramisu – lassen Sie sich in unserem Kapitel »Die Kleinen & Feinen« überraschen oder im Internet unter www.philadelphia.de.

Die *Klassiker*

Grundrezept

Das klassische Grundrezept – pur, frisch und lecker

Zutaten für 16 Stücke:

150 g Löffelbiskuit
125 g Butter
3 Pck. PHILADELPHIA Doppel-
   rahmstufe (à 175 g)
300 g Joghurt
3 EL Zitronensaft
1 Prise Salz
1 Pck. gemahlene Gelatine
75 g Zucker
Frische Früchte zum Garnieren

Vorbereitungszeit: 30 Minuten
Kühlzeit: 3 Stunden

Zubereitung

1 | Die Löffelbiskuits in einen großen Gefrierbeutel füllen, diesen verschließen und den Inhalt mit einem Nudelholz oder den Händen vollständig zerbröseln.

2 | Butter in einem kleinen Topf schmelzen, mit den Bröseln vermischen und anschließend mit den Händen oder einem Löffel in eine mit Backpapier ausgelegte Springform drücken.

3 | Philadelphia, Joghurt, Zitronensaft und 1 Prise Salz mit dem elektrischen Handrührgerät verrühren. Gelatine in 150 ml kaltem Wasser 10 Minuten einweichen. Zucker hinzufügen und alles unter gelegentlichem Rühren erwärmen, bis sich die Gelatine gelöst hat. Zügig unter die Philadelphia-Creme rühren.

4 | Die Philadelphia-Creme auf den Bröselboden in die Springform geben und die Torte für mindestens 3 Stunden kühlen. Vor dem Servieren nach Belieben mit frischen Früchten garnieren.

Pro Stück: ca. 891 kJ / 213 kcal, E 4 g, F 16 g, KH 15 g

Die perfekte Torte – so einfach geht's

Mit Philadelphia® lassen sich die unterschiedlichsten süßen Leckereien herstellen. Vielen ist in erster Linie die Philadelphia® Torte bekannt. Warum? Weil in den variationsreichen Tortenrezepten einfache Zubereitung, cremiger Geschmack und Frische eine Idealverbindung eingehen. Auf dieser und der nächsten Seite finden Sie das Grundrezept und die Herstellungsanleitung der Philadelphia® Torte Schritt für Schritt erklärt. Mit dieser Anleitung werden Ihnen auch alle anderen Philadelphia® Torten garantiert gelingen.

Zubereitung

1 | Die Löffelbiskuits in einen großen Gefrierbeutel einfüllen. Den Beutel mit einem Clip verschließen und den Inhalt mit einem Nudelholz oder den Händen vollständig zerbröseln. Der Einsatz einer Küchenmaschine lohnt sich für die Herstellung größerer Mengen Brösel.

2 | Die Löffelbiskuitbrösel mit zerlassener Butter vermischen und mit einem Kochlöffel gut durcharbeiten. Den Boden einer Springform (26 cm Ø) mit Backpapier auslegen und die Butter-Brösel-Mischung einfüllen. Mit der Unterseite eines Löffels festdrücken.

3 | Für die Philadelphia-Creme Philadelphia, Joghurt, Zitronensaft und die im Rezept angegebenen Zutaten mit dem elektrischen Handrührgerät cremig verrühren.

4 | Gemahlene Gelatine ca. 10 Minuten in der im Rezept angegebenen Flüssigkeit einweichen. Zucker hinzufügen und alles in einem Topf vorsichtig erwärmen (nicht kochen), bis sich die Gelatine auflöst. Zügig mit einem elektrischen Handrührgerät in die Philadelphia-Creme einrühren.

5 | Die Philadelphia-Creme auf den Bröselboden in der Springform einfüllen. Die Creme mit einem Spatel oder einem Löffel glatt streichen und die Torte für 3 Stunden in den Kühlschrank stellen.

Für den Boden

Eine Springform von ca. 26 cm Durchmesser mit Backpapier auslegen. Löffelbiskuits in einen Gefrierbeutel füllen, diesen verschließen und die Kekse mit einem Nudelholz, den Händen oder einer Küchenmaschine zerbröseln. Butter in einem kleinen Topf oder in der Mikrowelle schmelzen und mit den Bröseln vermischen. Anschließend mit den Händen oder einem Löffel in die Springform drücken.

Für die Creme

Philadelphia, Joghurt, Zitronensaft und 1 Prise Salz mit einem elektrischen Handrührgerät verrühren. Die Gelatine in kaltem Wasser oder der im Rezept angegebenen Flüssigkeit ca. 10 Minuten einweichen lassen. Mit dem Zucker in einem kleinen Topf unter Rühren erhitzen, bis sich die Gelatine auflöst. Anschließend mit dem elektrischen Handrührgerät nach und nach in die Philadelphia-Creme einrühren.

Fertigstellung der Torte

Die Creme auf den Löffelbiskuitboden in die Springform geben und die Torte für mindestens 3 Stunden kühlen. Mit einem Messer am Springformrand entlangschneiden und die Torte nach Belieben mit frischen Früchten dekoriert servieren.

Tipps & Tricks

Alle Philadelphia® Torten werden nach dem gleichen Grundrezept hergestellt, das sich nahezu beliebig variieren lässt. Lassen Sie Ihrer Fantasie einfach freien Lauf!

Vorbereitung

▶ Die Zutatenmengen in sämtlichen Tortenrezepten sind für eine Springform von 26 cm Durchmesser berechnet.

▶ Wenn Sie jedoch eine kleinere Philadelphia Torte zubereiten wollen, halbieren Sie die jeweiligen Zutatenmengen und verwenden eine Springform von 20 cm Durchmesser.

▶ Für die Zubereitung der Philadelphia Torten können Sie jede beliebige Springform verwenden. Die Form kann, muss aber nicht beschichtet sein.

▶ Legen Sie den Boden der Springform mit Backpapier aus. Das verhindert, dass der Boden an der Form haften bleibt. Pergamentpapier ist für Philadelphia Torten nicht geeignet, da es durchfeuchtet und beim Ablösen des Bodens reißt.

Für den Boden

▶ Für den Boden können Sie ganz nach Belieben knuspriges Gebäck, zum Beispiel Butterkekse oder Vollkorngebäck verwenden. Oder vermischen Sie die Keksbrösel mit gehackten Nüssen, Kaffeepulver oder Schokoladenraspeln.

▶ Sie können die Löffelbiskuits für den Tortenboden anstatt mit dem Nudelholz auch mit den Händen oder mithilfe einer Küchenmaschine zerkleinern. Damit es sich lohnt, das Gerät einzusetzen, können Sie gleich zwei Portionen zerkleinern und eine Portion als Vorrat für die nächste Torte aufbewahren.

▶ Nach Belieben können Sie den Boden auch mit Margarine anstatt mit Butter zubereiten.

▶ Wenn Sie die Torte nicht gleich servieren wollen, bestreuen Sie den Boden vor dem Einfüllen der

Philadelphia-Creme einfach mit Sahnesteif. So weichen die Löffelbiskuits nicht so schnell durch, und der Boden bleibt länger knusprig.

Für die Creme

▸ Für die Creme können Sie ganz nach Belieben zwischen Philadelphia in den Fettgehaltsstufen Doppelrahmstufe, Balance oder so leicht wählen.

▸ Verwenden Sie für die Flüssigkeit in der Creme Wasser oder Fruchtsäfte; auch Kaffee schmeckt köstlich!

▸ Sie können sowohl Naturjoghurt als auch Fruchtjoghurt oder Vanillejoghurt verwenden – probieren Sie einfach, was Ihnen am besten schmeckt!

▸ Philadelphia Torten werden mit Gelatine zubereitet. Die Verwendung von gemahlener Gelatine in Kombination mit einer Prise Salz unterstützt die Cremigkeit von Philadelphia ganz besonders gut. Sie können aber auch Blattgelatine verwenden: Dafür einfach 6 Blatt Gelatine in kaltem Wasser ca. 5 Minuten einweichen und anschließend gut ausdrücken. Mit 150 ml Wasser oder der im Rezept angegebenen Flüssigkeit sowie dem Zucker in einem kleinen Topf erhitzen, bis sich die Gelatine auflöst. Anschließend in die Philadelphia-Creme einrühren.

▸ Damit die Creme fest wird, muss die Torte unbedingt für 3 Stunden in den Kühlschrank gestellt werden. Die Torte wird auf diese Weise schnittfest, bleibt aber durch Philadelphia wunderbar cremig.

Früchte und Zutaten

▸ Legen Sie frische Früchte auf den Tortenboden, oder rühren Sie die Fruchtstücke, Fruchtpüree oder Kompott direkt in die Creme. Belegen Sie die fertige Torte ganz nach Ihrem Belieben – Ihrer Fantasie sind keine Grenzen gesetzt.

▸ Tiefgekühltes Obst ist eine gute Alternative, wenn es saisonbedingt mal keine frischen Früchte zu kaufen gibt. Besonders Beerenfrüchte lassen sich gut einfrieren und sind als Tiefkühlvariante in fast jedem Supermarkt erhältlich. Einfach vor der Verwendung im Rezept auftauen und gut abtropfen lassen.

Philadelphia Torten machen Spaß, denn sie sind meist in nur 30 Minuten zubereitet, den Rest erledigt der Kühlschrank.

Gebackener Klassiker

Aus dem Ofen genießen – ein ganz neues Philadelphia® Tortenerlebnis

Zutaten für 16 Stücke:

150 g Löffelbiskuit
100 g Butter
3 Pck. PHILADELPHIA Doppel-
rahmstufe (à 175 g)
125 g Zucker
2 EL Zitronensaft
Mark einer Vanilleschote
3 Eier

Vorbereitungszeit: 30 Minuten
Backzeit: 50 Minuten

Zubereitung

1 | Backofen auf 180 °C (Umluft) vorheizen. Löffelbiskuits in einen Gefrierbeutel füllen, Beutel verschließen und den Inhalt mit einem Nudelholz oder den Händen vollständig zerbröseln.

2 | Butter schmelzen, mit den Bröseln vermischen und in eine mit Backpapier ausgelegte Springform drücken.

3 | Philadelphia, Zucker, Zitronensaft und das Mark der Vanilleschote mit dem elektrischen Handrührgerät vermengen. Nach und nach die Eier einrühren.

4 | Creme in die Springform füllen. Die Torte für ca. 50 Minuten im Ofen backen. Anschließend gut auskühlen lassen.

Pro Stück: ca. 914 kJ / 218 kcal, E 4 g, F 15 g, KH 17 g

TIPP Für eine fruchtige Variante der gebackenen Torte zwei Orangen filetieren und die Filets unter die Creme rühren!

Mit Früchten

Erdbeer-Vanille

Eine gelungene Kombination aus frischen Erdbeeren und Schokoboden

Zutaten für 16 Stücke:

150 g Löffelbiskuit

125 g Butter

1 Tafel Milka® Alpenmilch
Schokolade

3 Pck. PHILADELPHIA Doppel-
rahmstufe (à 175 g)

300 g Joghurt

3 EL Zitronensaft

1 Prise Salz

1 Pck. gemahlene Gelatine

75 g Zucker

1 Pck. Vanillezucker

300 g Erdbeeren (in Vierteln)

Vorbereitungszeit: 30 Minuten
Kühlzeit: 3 Stunden

Zubereitung

1 | Löffelbiskuits in einen Gefrierbeutel füllen, Beutel verschlie-ßen und den Inhalt mit einem Nudelholz oder den Händen vollständig zerbröseln.

2 | Butter schmelzen, mit den Bröseln vermischen und in eine mit Backpapier ausgelegte Springform drücken. Schokolade im Wasserbad oder in der Mikrowelle schmelzen, flüssige Schoko-lade auf dem Tortenboden verteilen.

3 | Philadelphia, Joghurt, Zitronensaft und 1 Prise Salz mit dem elektrischen Handrührgerät vermengen.

4 | Gelatine in 150 ml kaltem Wasser 10 Minuten einweichen. Zucker und Vanillezucker hinzufügen und alles unter gelegent-lichem Rühren erwärmen, bis sich die Gelatine gelöst hat. Zügig unter die Philadelphia-Creme rühren.

5 | Etwa ein Drittel der Creme auf dem Tortenboden verteilen und mit Erdbeervierteln belegen, einige Früchte zur Dekoration beiseitelegen. Die übrige Creme in die Springform füllen, an-schließend für mindestens 3 Stunden kühlen. Mit übrigen Erd-beeren dekorieren und nach Belieben mit flüssiger Schokolade garniert servieren.

Pro Stück: ca. 1067 kJ / 255 kcal, E 4 g, F 18 g, KH 20 g

TIPP Erdbeeren bleiben länger frisch, wenn Sie die Früchte sofort nach dem Einkaufen auf einem Backblech oder Tablett verteilen und kühl lagern. So bekommen die Früchte nicht so schnell Druckstellen.

Apfel-Knusper

Knusprig-cremige Torte mit Apfelwürfeln, Cranberries und Pistazien

Zutaten für 16 Stücke:

150 g Löffelbiskuit

125 g Butter

3 Pck. PHILADELPHIA Doppel-
   rahmstufe (à 175 g)

300 g Joghurt

1 Prise Salz

1 Pck. gemahlene Gelatine

150 ml Apfelsaft

75 g Zucker

1 Apfel (in feinen Würfeln)

125 g getrocknete Cranberries

etwas geriebene Zitronenschale

60 g Pistazien (grob gehackt)

Vorbereitungszeit: 30 Minuten
Kühlzeit: 3 Stunden

Zubereitung

1 | Löffelbiskuits in einen Gefrierbeutel füllen, Beutel verschlie-
ßen und den Inhalt mit einem Nudelholz oder den Händen
vollständig zerbröseln.

2 | Butter schmelzen, mit den Bröseln vermengen und in eine
mit Backpapier ausgelegte Springform drücken.

3 | Philadelphia, Joghurt und 1 Prise Salz mit dem elektrischen
Handrührgerät vermengen.

4 | Gelatine im Saft 10 Minuten einweichen. Zucker hinzufügen
und alles unter gelegentlichem Rühren erwärmen, bis sich die
Gelatine gelöst hat. Zügig unter die Philadelphia-Creme rühren.
Apfelwürfel, Cranberries, geriebene Zitronenschale und gehackte
Pistazien unterheben.

5 | Creme in die Springform füllen; Torte für mindestens 3 Stun-
den kühlen. Vor dem Servieren ganz nach Belieben mit Pistazien, Cranberries und Apfelspalten dekorieren.

Pro Stück: ca. 1117 kJ / 267 kcal, E 4 g, F 18 g, KH 23 g

TIPP

Verwenden Sie für die Apfel-Knusper-Torte am besten
eine säuerliche Apfelsorte, wie z. B. Boskop.

Cremige Waldfrüchte

Himmlische Torte mit aromatischer Waldfruchtschicht auf dem Tortenboden

Zutaten für 16 Stücke:

150 g Löffelbiskuit
125 g Butter
1 Pck. roter Tortenguss
300 g Beerenfrüchte
    (z. B. Blaubeeren, Himbeeren
    und Johannisbeeren)
3 Pck. PHILADELPHIA Balance
    (à 175 g)
300 g Joghurt
3 EL Zitronensaft
1 Prise Salz
1 Pck. gemahlene Gelatine
75 g Zucker

Vorbereitungszeit: 35 Minuten
Kühlzeit: 3 Stunden

Zubereitung

1 | Löffelbiskuits in einen Gefrierbeutel füllen, Beutel verschließen und den Inhalt mit einem Nudelholz oder den Händen vollständig zerbröseln.

2 | Butter schmelzen, mit den Bröseln vermischen und in eine mit Backpapier ausgelegte Springform drücken.

3 | Tortenguss nach Packungsanweisung zubereiten, anschließend mit den Beerenfrüchten vermischen und auf den Tortenboden geben. Boden im Kühlschrank abkühlen.

4 | Philadelphia, Joghurt, Zitronensaft und 1 Prise Salz mit dem elektrischen Handrührgerät vermengen.

5 | Gelatine in 150 ml kaltem Wasser 10 Minuten einweichen. Zucker hinzufügen und alles unter gelegentlichem Rühren erwärmen, bis sich die Gelatine gelöst hat. Zügig unter die Philadelphia-Creme rühren.

6 | Creme auf den Früchteboden in die Springform füllen. Die Torte für mindestens 3 Stunden kühlen. Nach Belieben mit einigen Früchten dekoriert servieren.

Pro Stück: ca. 812 kJ / 194 kcal, E 5 g, F 11 g, KH 19 g

TIPP

Sie können die Früchte natürlich je nach Saison variieren oder auch tiefgekühlte Früchte verwenden. Tiefgekühlte Früchte dafür auftauen und abtropfen.

Erdbeer-Mango

Exotische Mango und frische Erdbeeren – ein sommerlicher Genuss!

Zutaten für 16 Stücke:

150 g Löffelbiskuit
125 g Butter
3 Pck. PHILADELPHIA Doppel-
    rahmstufe (à 175 g)
300 g Joghurt
3 EL Zitronensaft
1 Prise Salz
1 Pck. gemahlene Gelatine
75 g Zucker
1 Mango
300 g Erdbeeren

Vorbereitungszeit: 30 Minuten
Kühlzeit: 3 Stunden

Zubereitung

1 | Löffelbiskuits in einen Gefrierbeutel füllen, Beutel verschließen und den Inhalt mit einem Nudelholz oder den Händen vollständig zerbröseln.

2 | Butter schmelzen, mit den Bröseln vermischen und in eine mit Backpapier ausgelegte Springform drücken.

3 | Philadelphia, Joghurt, Zitronensaft und 1 Prise Salz mit dem elektrischen Handrührgerät vermengen.

4 | Gelatine in 150 ml kaltem Wasser 10 Minuten einweichen. Zucker hinzufügen und alles unter gelegentlichem Rühren erwärmen, bis sich die Gelatine gelöst hat. Zügig unter die Philadelphia-Creme rühren.

5 | Mango schälen, den Kern entfernen und das Fruchtfleisch in kleine Würfel schneiden. Zwei Drittel der Erdbeeren vierteln.

6 | Ein Drittel der Creme in die Springform füllen, Mangowürfel darauf verteilen und ein weiteres Drittel der Creme daraufgeben. Erdbeerviertel darauf verteilen, die übrige Creme in die Springform füllen; Torte für mindestens 3 Stunden kühlen und mit den übrigen Erdbeeren und Mangowürfel dekoriert servieren.

Pro Stück: ca. 937 kJ / 224 kcal, E 4 g, F 16 g, KH 17 g

Pfirsich-Maracuja

Leckere Creme mit Pfirsichstücken auf Schokoboden, serviert mit fruchtigem Topping

Zutaten für 16 Stücke:

200 g Schokoladenkekse
70 g Butter
3 Pck. PHILADELPHIA Doppel-
    rahmstufe (à 175 g)
300 g Joghurt
3 EL Zitronensaft
1 Prise Salz
1 Dose Pfirsiche (abgetropft
    ca. 500 g)
1 Pck. gemahlene Gelatine
180 ml Maracujasaft
75 g Zucker

Vorbereitungszeit: 35 Minuten
Kühlzeit: 3 Stunden

Zubereitung

1 | Kekse in einen Gefrierbeutel füllen, Beutel verschließen und den Inhalt mit einem Nudelholz oder den Händen vollständig zerbröseln.

2 | Butter schmelzen, mit den Bröseln vermischen und in eine mit Backpapier ausgelegte Springform drücken.

3 | Philadelphia, Joghurt, Zitronensaft und 1 Prise Salz mit dem elektrischen Handrührgerät vermengen. Pfirsiche in feine Würfel schneiden.

4 | Gelatine in 150 ml Maracujasaft 10 Minuten einweichen. Zucker hinzufügen und alles unter gelegentlichem Rühren erwärmen, bis sich die Gelatine gelöst hat. Zügig unter die Philadelphia-Creme rühren. Anschließend die Hälfte der Pfirsichwürfel unterheben.

5 | Creme in die Springform füllen und die Torte für 3 Stunden kühlen. Übrige Pfirsichwürfel mit dem restlichen Maracujasaft pürieren und die Torte mit dem Maracuja-Pfirsichpüree servieren.

Pro Stück: ca.1025 kJ / 245 kcal, E 4 g, F 15 g, KH 23 g

Blaubeer-Sinfonie

Frische Blaubeeren in klassischer Philadelphia®-Creme

Zutaten für 16 Stücke:

150 g Löffelbiskuit

125 g Butter

3 Pck. PHILADELPHIA Doppel-
   rahmstufe (à 175 g)

300 g Joghurt

3 EL Zitronensaft

1 Prise Salz

300 g Blaubeeren

1 Pck. gemahlene Gelatine

75 g Zucker

Vorbereitungszeit: 35 Minuten
Kühlzeit: 3 Stunden

Zubereitung

1 | Löffelbiskuits in einen Gefrierbeutel füllen, Beutel verschlie-
ßen und den Inhalt mit einem Nudelholz oder den Händen
vollständig zerbröseln.

2 | Butter schmelzen, mit den Bröseln vermischen und in eine
mit Backpapier ausgelegte Springform drücken.

3 | Philadelphia, Joghurt, Zitronensaft und 1 Prise Salz mit
dem elektrischen Handrührgerät vermengen. Blaubeeren in der
Creme zerschlagen.

4 | Gelatine in 150 ml kaltem Wasser 10 Minuten einweichen.
Zucker hinzufügen und alles unter gelegentlichem Rühren erwärmen, bis sich die Gelatine gelöst hat. Zügig unter die Philadelphia-Creme rühren.

5 | Creme in die Springform füllen. Die Torte für mindestens
3 Stunden kühlen. Nach Belieben mit einigen Früchten dekoriert servieren.

Pro Stück: ca. 925 kJ / 221 kcal, E 4 g, F 16 g, KH 16 g

Kirsch-Mohn

Süße Mohncreme auf fruchtigem Kirschboden – lecker!

Zutaten für 16 Stücke:

150 g Löffelbiskuit

125 g Butter

1 Glas Schattenmorellen
   (abgetropft ca. 350 g)

3 Pck. PHILADELPHIA Doppel-
   rahmstufe (à 175 g)

300 g Joghurt

3 EL Zitronensaft

1 Prise Salz

125 g backfertige Mohnmischung

1 Pck. gemahlene Gelatine

75 g Zucker

Vorbereitungszeit: 30 Minuten
Kühlzeit: 3 Stunden

Zubereitung

1 | Löffelbiskuits in einen Gefrierbeutel füllen, Beutel verschließen und den Inhalt mit einem Nudelholz oder den Händen vollständig zerbröseln.

2 | Butter schmelzen, mit den Bröseln vermischen und in eine mit Backpapier ausgelegte Springform drücken. Schattenmorellen gut abtropfen lassen und auf dem Tortenboden verteilen.

3 | Philadelphia, Joghurt, Zitronensaft, 1 Prise Salz sowie die backfertige Mohnmischung mit dem elektrischen Handrührgerät vermengen.

4 | Gelatine in 150 ml kaltem Wasser 10 Minuten einweichen. Zucker hinzufügen und alles unter gelegentlichem Rühren erwärmen, bis sich die Gelatine gelöst hat. Zügig unter die Philadelphia-Creme rühren.

5 | Creme in die Springform füllen; Torte für mindestens 3 Stunden kühlen. Nach Belieben mit Schattenmorellen dekorieren.

Pro Stück: ca. 1067 kJ / 255 kcal, E 4 g, F 17 g, KH 22 g

Traube-Vollkorn

Torte mit knusprigem Vollkorn-Butterkeksboden

Zutaten für 16 Stücke:

150 g Vollkorn-Butterkekse

125 g Butter

300 g Weintrauben

3 Pck. PHILADELPHIA Doppel-
   rahmstufe (à 175 g)

300 g Joghurt

3 EL Zitronensaft

1 Prise Salz

1 Pck. gemahlene Gelatine

150 ml roter Traubensaft

75 g Zucker

Vorbereitungszeit: 30 Minuten
Kühlzeit: 3 Stunden

Zubereitung

1 | Vollkorn-Butterkekse in einen Gefrierbeutel füllen, Beutel verschließen und den Inhalt mit einem Nudelholz oder den Händen vollständig zerbröseln.

2 | Butter schmelzen, mit den Bröseln vermischen und in eine mit Backpapier ausgelegte Springform drücken. Weintrauben vierteln und auf dem Boden verteilen, einige Früchte zur Dekoration beiseitelegen.

3 | Philadelphia, Joghurt, Zitronensaft und 1 Prise Salz mit dem elektrischen Handrührgerät vermengen.

4 | Gelatine im Saft 10 Minuten einweichen. Zucker hinzufügen und alles unter gelegentlichem Rühren erwärmen, bis sich die Gelatine gelöst hat. Zügig unter die Philadelphia-Creme rühren.

5 | Creme in die Springform füllen. Die Torte für mindestens 3 Stunden kühlen. Mit übrigen Weintrauben dekoriert servieren.

Pro Stück: ca. 987 kJ / 236 kcal, E 4 g, F 17 g, KH 17 g

Mango-Kokos

Verführung mit frischer Mango, exotischem Kokosboden und Fruchttopping

Zutaten für 16 Stücke:

150 g Löffelbiskuit

125 g Butter

20 g Kokosraspeln

3 Pck. PHILADELPHIA Balance
  (à 175 g)

300 g Joghurt

3 EL Zitronensaft

1 Prise Salz

1 Pck. gemahlene Gelatine

75 g Zucker

1 Mango (gewürfelt)

150 ml Multivitaminsaft

1 EL Speisestärke

Vorbereitungszeit: 35 Minuten
Kühlzeit: 3 Stunden 30 Minuten

Zubereitung

1 | Löffelbiskuits in einen Gefrierbeutel füllen, Beutel verschlie-
ßen und den Inhalt mit einem Nudelholz oder den Händen
vollständig zerbröseln.

2 | Butter schmelzen, mit den Bröseln vermischen und in eine
mit Backpapier ausgelegte Springform drücken. Anschließend
den Boden mit Kokosraspeln bestreuen.

3 | Philadelphia, Joghurt, Zitronensaft und 1 Prise Salz mit dem
elektrischen Handrührgerät vermengen.

4 | Gelatine in 150 ml kaltem Wasser 10 Minuten einweichen.
Zucker hinzufügen und alles unter gelegentlichem Rühren erwärmen, bis sich die Gelatine gelöst hat. Zügig unter die Philadelphia-Creme rühren.

5 | Anschließend zwei Drittel der Mangostücke unter die Creme
heben und diese in die Springform füllen. Die Torte für 3 Stunden kühlen.

6 | Übrige Mangostücke mit 50 ml Multivitaminsaft einko-
chen, anschließend pürieren. Speisestärke im übrigen Multivitaminsaft anrühren und mit dem Mangopüree unter Rühren
aufkochen. Mangokompott auf die Torte geben und weitere
30 Minuten kühlen.

Pro Stück: ca. 833 kJ / 199 kcal, E 5 g, F 12 g, KH 18 g

Jamaica-Physalis

Ein exotischer Genuss mit frischer Physaliscreme und Kokosboden

Zutaten für 16 Stücke:

150 g Löffelbiskuit
125 g Butter
50 g Kokosraspeln
200 g Physalis
3 Pck. PHILADELPHIA Doppel-
rahmstufe (à 175 g)
300 g Joghurt
3 EL Zitronensaft
1/2 TL Rumaroma
1 Prise Salz
1 Pck. gemahlene Gelatine
75 g Zucker

Vorbereitungszeit: 30 Minuten
Kühlzeit: 3 Stunden

Zubereitung

1 | Löffelbiskuits in einen Gefrierbeutel füllen, Beutel verschlie-
ßen und den Inhalt mit einem Nudelholz oder den Händen
vollständig zerbröseln.

2 | Butter schmelzen, mit den Bröseln und der Hälfte der
Kokosraspeln vermischen und in eine mit Backpapier ausgelegte
Springform drücken.

3 | Von der Hälfte der Physalis die Pergamenthaut entfernen,
Früchte vierteln. Philadelphia, Joghurt, Zitronensaft, Rumaroma,
1 Prise Salz und die Physalis-Viertel mit dem elektrischen Handrührgerät vermengen.

4 | Gelatine in 150 ml kaltem Wasser 10 Minuten einweichen.
Zucker hinzufügen und alles unter gelegentlichem Rühren erwärmen, bis sich die Gelatine gelöst hat. Zügig unter die Philadelphia-Creme rühren.

5 | Creme in die Springform füllen; Torte für mindestens 3 Stun-
den kühlen. Vor dem Servieren mit übrigen Kokosraspeln und
Physalis dekorieren.

Pro Stück: ca. 1013 kJ / 242 kcal, E 4 g, F 18 g, KH 17 g

Nektarinen-Traum

Torte auf Haferkeksboden mit fruchtigem Nektarinen-Tortenspiegel

Zutaten für 16 Stücke:

200 g Haferkekse
125 g Butter
3 Pck. PHILADELPHIA Balance
   (à 175 g)
300 g Joghurt
3 EL Zitronensaft
1 Prise Salz
1 Pck. gemahlene Gelatine
150 ml Multivitaminsaft
75 g Zucker
3 Nektarinen
1 Pck. Tortenguss

Vorbereitungszeit: 35 Minuten
Kühlzeit: 4 Stunden

Zubereitung

1 | Haferkekse in einen Gefrierbeutel füllen, Beutel verschließen und den Inhalt mit einem Nudelholz oder den Händen vollständig zerbröseln.

2 | Butter schmelzen, mit den Bröseln vermischen und in eine mit Backpapier ausgelegte Springform drücken.

3 | Philadelphia, Joghurt, Zitronensaft und 1 Prise Salz mit dem elektrischen Handrührgerät vermengen.

4 | Gelatine im Saft 10 Minuten einweichen. Zucker hinzufügen und alles unter gelegentlichem Rühren erwärmen, bis sich die Gelatine gelöst hat. Zügig unter die Philadelphia-Creme rühren.

5 | Creme in die Springform füllen. Die Torte für mindestens 3 Stunden kühlen.

6 | Nektarinen in dünne Spalten schneiden und die Torte damit belegen. Tortenguss nach Packungsanweisung zubereiten, über die Nektarinenspalten verteilen und die Torte eine weitere Stunde kühlen.

Pro Stück: ca. 895 kJ / 214 kcal, E 5 g, F 13 g, KH 18 g

TIPP
Anstelle von Haferkeksen können Sie auch 150 g Löffelbiskuit oder andere Kekse verwenden.

Zitronen-Spritz

Erfrischend spritzige Sommertorte für heiße Tage

Zutaten für 16 Stücke:

150 g Löffelbiskuit

125 g Butter

2 unbehandelte Zitronen

3 Pck. PHILADELPHIA Balance
  (à 175 g)

300 g Joghurt

1 Prise Salz

1 Pck. gemahlene Gelatine

75 g Zucker

Vorbereitungszeit: 30 Minuten
Kühlzeit: 3 Stunden

Zubereitung

1 | Löffelbiskuits in einen Gefrierbeutel füllen, Beutel verschließen und den Inhalt mit einem Nudelholz oder den Händen vollständig zerbröseln.

2 | Butter schmelzen, mit den Bröseln vermischen und in eine mit Backpapier ausgelegte Springform drücken.

3 | Schale einer Zitrone mit einem Zestenreißer in Zesten reißen und zur Seite legen, anschließend den Saft der Zitrone auspressen. Die Schale der anderen Zitrone mit der Reibe fein reiben. Philadelphia, Joghurt, 1 Prise Salz und geriebene Zitronenschale mit dem elektrischen Handrührgerät vermengen.

4 | Gelatine in 6 EL kaltem Wasser 10 Minuten einweichen. Zitronensaft mit Wasser auf 100 ml auffüllen und mit Gelatine und Zucker erwärmen, bis sich die Gelatine gelöst hat. Zügig unter die Philadelphia-Creme rühren.

5 | Creme in die Springform füllen. Die Torte für mindestens 3 Stunden kühlen. Mit den Zitronenzesten dekoriert servieren.

Pro Stück: ca. 757 kJ / 181 kcal, E 5 g, F 11 g, KH 16 g

TIPP
Wenn Sie keinen Zestenreißer zur Hand haben, können Sie die Zitronenschale auch mit einem Sparschäler schälen und die Schale mit einem Messer in feine Streifen schneiden.

Mit Schokolade und Co.

PHILADELPHIA TORTE

Marmorierte Torte

Cremiger Tortengenuss mit Schokoladen-Creme und Roter Grütze marmoriert

Zutaten für 16 Stücke:
150 g Löffelbiskuit
125 g Butter
3 Pck. PHILADELPHIA Doppel-
    rahmstufe (à 175 g)
300 g Joghurt
3 EL Zitronensaft
1 Prise Salz
500 g Rote Grütze
1 1/2 Pck. gemahlene Gelatine
75 g Zucker
100 g Milka® Amavel 50% Cacao
    Extra Kakao

Vorbereitungszeit: 40 Minuten
Kühlzeit: 3 Stunden

Zubereitung

1 | Löffelbiskuits in einen Gefrierbeutel füllen, Beutel verschließen und den Inhalt mit einem Nudelholz oder den Händen vollständig zerbröseln.

2 | Butter schmelzen, mit den Bröseln vermischen und in eine mit Backpapier ausgelegte Springform drücken.

3 | Philadelphia, Joghurt, Zitronensaft und 1 Prise Salz mit dem elektrischen Handrührgerät vermengen.

4 | Rote Grütze pürieren. ½ Päckchen Gelatine in 3 EL kaltem Wasser 5 Minuten einweichen. Mit der Roten Grütze erwärmen, bis sich die Gelatine gelöst hat, anschließend auf den Tortenboden geben.

5 | 1 Päckchen Gelatine in 150 ml kaltem Wasser 10 Minuten einweichen. Zucker hinzufügen und unter gelegentlichem Rühren erwärmen, bis sich die Gelatine gelöst hat. Zügig unter die Philadelphia-Creme rühren. Drei Viertel der Creme auf die Rote Grütze in die Springform geben.

6 | Schokolade schmelzen, mit der übrigen Creme verrühren und ebenfalls in die Springform füllen. Alle Schichten mit einem Gabelstiel marmorieren, anschließend die Torte mindestens 3 Stunden kühlen.

Pro Stück: ca. 1172 kJ / 280 kcal, E 4 g, F 18 g, KH 25 g

Fußball-Fan

Zum Fußballereignis oder beim Geburtstag: Diese Torte ist ein Spaß für jede Party!

Zutaten für 16 Stücke:

1 Pck. Götterspeise Waldmeister
150 g Milka® Alpenmilch
   Schokolade
150 g Löffelbiskuit
125 g Butter
3 Pck. PHILADELPHIA Doppel-
   rahmstufe (à 175 g)
300 g Joghurt
3 EL Zitronensaft
1 Prise Salz
1 Pck. gemahlene Gelatine
75 g Zucker

Vorbereitungszeit: 40 Minuten
Kühlzeit: 3 Stunden

Zubereitung

1 | Götterspeise nach Packungsanweisung zubereiten, dabei statt 500 ml nur 250 ml Wasser verwenden. In einen tiefen Teller füllen und kalt stellen.

2 | 50 g Schokolade im Wasserbad oder in der Mikrowelle schmelzen, flüssige Schokolade auf einem Blech glatt streichen, abkühlen lassen und anschließend Sechsecke ausschneiden.

3 | Löffelbiskuits in einen Gefrierbeutel füllen, Beutel verschließen und den Inhalt mit einem Nudelholz oder den Händen vollständig zerbröseln. Eine halbe Tafel Schokolade raspeln. Butter schmelzen, mit den Bröseln und den Raspeln vermischen und in eine mit Backpapier ausgelegte Springform drücken.

4 | Philadelphia, Joghurt, Zitronensaft und 1 Prise Salz mit dem elektrischen Handrührgerät vermengen.

5 | Gelatine in 150 ml kaltem Wasser 10 Minuten einweichen. Zucker hinzufügen und alles unter gelegentlichem Rühren erwärmen, bis sich die Gelatine gelöst hat. Zügig unter die Philadelphia-Creme rühren.

6 | Die feste Götterspeise mittig auf den Tortenboden stürzen. Creme daraufschichten; Torte mindestens 3 Stunden kühlen. Schokoladensechsecke auf die Torte legen. Übrige Schokolade schmelzen, in einen Gefrierbeutel füllen, eine Ecke des Beutels abschneiden und mit der flüssigen Schokolade das Muster des Fußballs auf der Oberfläche der Torte vollenden.

Pro Stück: ca. 1100 kJ / 263 kcal, E 4 g, F 18 g, KH 21 g

À la Tiramisu

Ein Dessertklassiker mal als Torte serviert – köstlich!

Zutaten für 16 Stücke:

200 g Löffelbiskuit
1/2 l kalter Jacobs® Kaffee
100 g Milka® Alpenmilch
   Schokolade
3 Pck. PHILADELPHIA Doppel-
   rahmstufe (à 175 g)
300 g Joghurt
3 EL Zitronensaft
1 Prise Salz
75 g Zucker
1 Pck. gemahlene Gelatine
3 EL Kaba® Kakaopulver

Vorbereitungszeit: 30 Minuten
Kühlzeit: 3 Stunden

Zubereitung

1 | Einen Tortenring auf eine Tortenplatte stellen. Löffelbiskuits kurz in den erkalteten Kaffee eintauchen, den Boden eng damit auslegen.

2 | Schokolade raspeln und die Hälfte der Raspeln gleichmäßig auf dem Tortenboden verteilen.

3 | Philadelphia, Joghurt, Zitronensaft und 1 Prise Salz mit dem elektrischen Handrührgerät vermengen.

4 | Gelatine in 150 ml kaltem Wasser 10 Minuten einweichen. Zucker hinzufügen und alles unter gelegentlichem Rühren erwärmen, bis sich die Gelatine gelöst hat. Zügig unter die Philadelphia-Creme rühren.

5 | Creme in den Tortenring füllen; Torte für mindestens 3 Stunden kühlen. Vor dem Servieren den Tortenring vorsichtig entfernen; die Torte mit Kakaopulver bestäuben und mit den übrigen Schokoraspeln verziert servieren.

Pro Stück: ca. 887 kJ / 212 kcal, E 4 g, F 11 g, KH 23 g

Schoko-Pfirsich

Gebackene Philadelphia® Torte mit Pfirsichen und Schokolade

Zutaten für 16 Stücke:

150 g Löffelbiskuit

60 g Butter

50 g Côte d'Or®
   Intense 70% Cacao

3 Pck. PHILADELPHIA Doppel-
   rahmstufe (à 175 g)

125 g Zucker

2 EL Zitronensaft

Mark einer Vanilleschote

3 Eier

1 Dose Pfirsiche
   (abgetropft ca. 500 g)

Vorbereitungszeit: 30 Minuten

Backzeit: 50 Minuten

Zubereitung

1 | Backofen auf 180 °C (Umluft) vorheizen. Löffelbiskuits in einen Gefrierbeutel füllen, Beutel verschließen und den Inhalt mit einem Nudelholz oder den Händen vollständig zerbröseln.

2 | Butter und Schokolade in einem Topf schmelzen, mit den Bröseln vermischen und in eine mit Backpapier ausgelegte Springform drücken.

3 | Philadelphia, Zucker, Zitronensaft und das Mark der Vanille-schote mit dem elektrischen Handrührgerät vermengen. Eier nach und nach einrühren.

4 | Pfirsiche würfeln und auf dem Tortenboden verteilen, Creme daraufgeben. Die Torte für ca. 50 Minuten im Ofen backen. Anschließend gut auskühlen lassen.

Pro Stück: ca. 1014 kJ / 242 kcal, E 5 g, F 14 g, KH 23 g

TIPP Mit der ausgekratzten Vanilleschote können Sie Ihren eigenen Vanillezucker herstellen – einfach in ein verschließbares Glas geben und mit Zucker bedecken. Nach einiger Zeit nimmt der Zucker so das köstliche Aroma der Vanilleschote an.

Cappuccino-Kirsch

Cappuccinocreme und süße Kirschen – eine himmlische Versuchung!

Zutaten für 16 Stücke:

1 Glas Kirschen
  (abgetropft ca. 350 g)
1 EL Puderzucker
2 EL Rum
1 TL Zimt
2 EL Speisestärke
150 g Löffelbiskuit
125 g Butter
3 Pck. PHILADELPHIA Doppel-
  rahmstufe (à 175 g)
300 g Joghurt
3 EL Zitronensaft
1 Prise Salz
2 Tassenportionen Jacobs®
  Cappuccino
1 Pck. gemahlene Gelatine
75 g Zucker

Vorbereitungszeit: 30 Minuten
Kühlzeit: 3 Stunden

Zubereitung

1 | Kirschen abtropfen lassen, den Saft auffangen. Puderzucker in einem Topf karamellisieren, mit dem Kirschsaft ablöschen; anschließend Rum, Zimt und Kirschen zufügen. Die Speisestärke mit etwas Wasser glatt rühren und die Sauce damit andicken, anschließend auskühlen lassen.

2 | Löffelbiskuits in einen Gefrierbeutel füllen, Beutel verschließen und den Inhalt mit einem Nudelholz oder den Händen vollständig zerbröseln.

3 | Butter schmelzen, mit den Bröseln vermischen und in eine mit Backpapier ausgelegte Springform drücken.

4 | Philadelphia, Joghurt, Zitronensaft, 1 Prise Salz und Cappuccino-Pulver mit dem elektrischen Handrührgerät vermengen.

5 | Gelatine in 150 ml kaltem Wasser 10 Minuten einweichen. Zucker hinzufügen und alles unter gelegentlichem Rühren erwärmen, bis sich die Gelatine gelöst hat. Zügig unter die Philadelphia-Creme rühren.

6 | Kirschsauce auf den Teigboden streichen, Creme darauf verteilen. Torte für mindestens 3 Stunden kühlen und nach Belieben mit geschmolzener Schokolade garniert servieren.

Pro Stück: ca. 1050 kJ / 251 kcal, E 4 g, F 16 g, KH 22 g

Coffee-Banana

Kaffee-Bananen-Creme und aromatischer Kaffeetortenboden

Zutaten für 16 Stücke:

150 g Löffelbiskuit

125 g Butter

2 TL Jacobs® Kaffeepulver

3 Pck. PHILADELPHIA Doppel-
rahmstufe (à 175 g)

300 g Joghurt

1 Prise Salz

1 Pck. gemahlene Gelatine

75 g Zucker

75 ml Jacobs® Kaffee (frisch
gebrüht)

75 ml Bananensirup

Vorbereitungszeit: 30 Minuten
Kühlzeit: 3 Stunden

Zubereitung

1 | Löffelbiskuits in einen Gefrierbeutel füllen, Beutel verschlie-
ßen und den Inhalt mit einem Nudelholz oder den Händen
vollständig zerbröseln.

2 | Butter schmelzen, mit Bröseln und Kaffeepulver vermischen
und in eine mit Backpapier ausgelegte Springform drücken.

3 | Philadelphia, Joghurt und 1 Prise Salz mit dem elektrischen
Handrührgerät vermengen.

4 | Gelatine in 6 EL kaltem Wasser 10 Minuten einweichen. Mit
Zucker, Kaffee und Bananensirup erwärmen, bis sich die Gelatine gelöst hat. Zügig unter die Philadelphia-Creme rühren.

5 | Creme in die Springform füllen. Die Torte für mindestens
3 Stunden kühlen. Nach Belieben mit Bananensirup und Kaffeepulver dekoriert servieren.

Pro Stück: ca. 941 kJ / 225 kcal, E 4 g, F 16 g, KH 18 g

Caramel Crunch

Knusprig mit Müsli-Cornflakes-Boden und extravagantem Carameltopping

Zutaten für 16 Stücke:

100 g Müsli
100 g Cornflakes
125 g Butter
3 EL Ahornsirup
3 Pck. PHILADELPHIA Doppel-
  rahmstufe (à 175 g)
300 g Joghurt
3 EL Zitronensaft
1 Prise Salz
1 Pck. gemahlene Gelatine
175 g Zucker

Vorbereitungszeit: 30 Minuten
Kühlzeit: 3 Stunden

Zubereitung

1 | Müsli und Cornflakes in einen Gefrierbeutel füllen, Beutel verschließen und den Inhalt mit einem Nudelholz grob zerbröseln.

2 | Butter schmelzen, mit den Bröseln vermischen und in eine mit Backpapier ausgelegte Springform drücken. Den Boden mit Ahornsirup beträufeln.

3 | Philadelphia, Joghurt, Zitronensaft und 1 Prise Salz mit dem elektrischen Handrührgerät vermengen.

4 | Gelatine in 150 ml kaltem Wasser 10 Minuten einweichen. 75 g Zucker hinzufügen und alles unter gelegentlichem Rühren erwärmen, bis sich die Gelatine gelöst hat. Zügig unter die Philadelphia-Creme rühren.

5 | Creme in die Springform füllen; Torte für mindestens 3 Stunden kühlen.

6 | Übrigen Zucker in einen Topf geben und erwärmen, bis der Zucker karamellisiert. Topf vom Herd nehmen; Karamellmasse abkühlen lassen, bis sie Fäden zieht. Die Torte damit verzieren und sofort servieren.

Pro Stück: ca. 1067 kJ / 255 kcal, E 4 g, F 16 g, KH 24 g

Mit kleinem Schwips

Kaffee-Likörchen

Herb-fruchtige Torte mit Kaffee, Sahnelikör und Himbeeren

Zutaten für 16 Stücke:

150 g Löffelbiskuit
125 g Butter
1/2 Tafel Milka® Schokolade Zartherb (geraspelt)
3 Pck. PHILADELPHIA Doppel-rahmstufe (à 175 g)
300 g Joghurt
1 Prise Salz
1 Pck. gemahlene Gelatine
75 ml Jacobs® Kaffee (frisch gebrüht)
75 ml Sahnelikör
75 g Zucker
250 g Himbeeren

Vorbereitungszeit: 30 Minuten
Kühlzeit: 3 Stunden

Zubereitung

1 | Löffelbiskuits in einen Gefrierbeutel füllen, Beutel verschlie-ßen und den Inhalt mit einem Nudelholz oder den Händen vollständig zerbröseln.

2 | Butter schmelzen, mit den Bröseln und geraspelter Schoko-lade vermischen und in eine mit Backpapier ausgelegte Spring-form drücken.

3 | Philadelphia, Joghurt und 1 Prise Salz mit dem elektrischen Handrührgerät vermengen.

4 | Gelatine in 6 EL kaltem Wasser 10 Minuten einweichen. Mit Kaffee, Sahnelikör und Zucker erwärmen, bis sich die Gelatine gelöst hat. Zügig unter die Philadelphia-Creme rühren.

5 | Himbeeren auf dem Tortenboden verteilen, Creme darauf-geben. Torte für mindestens 3 Stunden kühlen; nach Belieben mit Himbeeren und Kaffeepulver dekorieren.

Pro Stück: ca. 1017 kJ / 243 kcal, E 4 g, F 17 g, KH 18 g

TIPP Für die alkoholfreie Variante können Sie den Likör durch Wasser oder weitere 75 ml Kaffee ersetzen.

Bunter Fruchtcocktail

Köstliche Cocktailtorte mit Wermut und einem bunten Fruchtmix

Zutaten für 16 Stücke:

150 g Löffelbiskuit
125 g Butter
1 Dose Fruchtcocktail
   (abgetropft ca. 250 g)
3 Pck. PHILADELPHIA Balance
   (à 175 g)
300 g Joghurt
1 Prise Salz
1 Pck. gemahlene Gelatine
75 ml Wermut
75 g Zucker

Vorbereitungszeit: 30 Minuten
Kühlzeit: 3 Stunden

Zubereitung

1 | Löffelbiskuits in einen Gefrierbeutel füllen, Beutel verschließen und den Inhalt mit einem Nudelholz oder den Händen vollständig zerbröseln.

2 | Butter schmelzen, mit den Bröseln vermischen und in eine mit Backpapier ausgelegte Springform drücken.

3 | Fruchtcocktail gut abtropfen lassen, den Saft auffangen. Einige Früchte beiseitestellen.

4 | Philadelphia, Joghurt und 1 Prise Salz mit dem elektrischen Handrührgerät vermengen.

5 | Gelatine in 75 ml des Fruchtsaftes 10 Minuten einweichen. Alkohol und Zucker hinzufügen und alles unter gelegentlichem Rühren erwärmen, bis sich die Gelatine gelöst hat. Zügig unter die Philadelphia-Creme rühren.

6 | Fruchtcocktail unterheben. Creme in die Springform füllen; Torte für mindestens 3 Stunden kühlen und mit den übrigen Früchten dekoriert servieren.

Pro Stück: ca. 812 kJ / 194 kcal, E 5 g, F 11 g, KH 18 g

TIPP Für die alkoholfreie Variante können Sie auch einfach insgesamt 150 ml des Fruchtsaftes aus der Dose verwenden.

Waldmeister-Bowle

Marmorierte Torte mit leckerer Erdbeer- und Waldmeistercreme

Zutaten für 16 Stücke:

150 g Löffelbiskuit

125 g Butter

3 Pck. PHILADELPHIA Balance
   (à 175 g)

300 g Joghurt

1 Prise Salz

1 1/2 Pck. gemahlene Gelatine

50 ml weißer Rum

75 g Zucker

200 g Erdbeeren

3 EL Waldmeistersirup

Vorbereitungszeit: 35 Minuten
Kühlzeit: 3 Stunden

Zubereitung

1 | Löffelbiskuits in einen Gefrierbeutel füllen, Beutel verschließen und den Inhalt mit einem Nudelholz oder den Händen vollständig zerbröseln.

2 | Butter schmelzen, mit den Bröseln vermischen und in eine mit Backpapier ausgelegte Springform drücken.

3 | Philadelphia, Joghurt und 1 Prise Salz mit dem elektrischen Handrührgerät vermengen. 1 Päckchen Gelatine in 100 ml kaltem Wasser 10 Minuten einweichen. Rum und Zucker hinzufügen und alles unter gelegentlichem Rühren erwärmen, bis sich die Gelatine gelöst hat. Zügig unter die Philadelphia-Creme rühren.

4 | Erdbeeren pürieren. 1/2 Päckchen Gelatine in 3 EL kaltem Wasser 10 Minuten einweichen. Mit dem Erdbeerpüree erhitzen, bis sich die Gelatine gelöst hat. Zwei Drittel der Philadelphia-Creme mit dem Erdbeerpüree vermengen und auf den Tortenboden geben.

5 | Übrige Creme mit Waldmeistersirup verrühren und mit der Erdbeercreme marmorieren. Die Torte für mindestens 3 Stunden kühlen.

Pro Stück: ca. 828 kJ / 198 kcal, E 5 g, F 11 g, KH 18 g

TIPP Ersetzen Sie den Rum durch Wasser, erhalten Sie eine fruchtig bunte alkoholfreie Torte.

Prosecco-Cassis

Himmlische Torte mit frischen Johannisbeeren und Prosecco

Zutaten für 16 Stücke:

150 g Löffelbiskuit

125 g Butter

3 Pck. PHILADELPHIA Balance
 (à 175 g)

300 g Joghurt

3 EL Zitronensaft

1 Prise Salz

1 1/2 Pck. gemahlene Gelatine

150 ml Prosecco

75 g Zucker

100 ml Johannisbeersaft

50 ml Cassislikör

200 g Johannisbeeren

Vorbereitungszeit: 35 Minuten
Kühlzeit: 3 Stunden

Zubereitung

1 | Löffelbiskuits in einen Gefrierbeutel füllen, Beutel verschließen und den Inhalt mit einem Nudelholz oder den Händen vollständig zerbröseln.

2 | Butter schmelzen, mit den Bröseln vermischen und in eine mit Backpapier ausgelegte Springform drücken.

3 | Philadelphia, Joghurt, Zitronensaft und 1 Prise Salz mit dem elektrischen Handrührgerät vermengen.

4 | 1 Päckchen Gelatine im Prosecco 10 Minuten einweichen. Zucker hinzufügen und alles unter gelegentlichem Rühren erwärmen, bis sich die Gelatine gelöst hat. Zügig unter die Philadelphia-Creme rühren.

5 | Creme in die Springform füllen. Die Torte für mindestens 2 Stunden kühlen.

6 | 1/2 Päckchen Gelatine im Johannisbeersaft 10 Minuten einweichen. Mit Cassislikör erwärmen, bis die Gelatine gelöst ist. Johannisbeeren zufügen, Masse auf die Torte geben und eine weitere Stunde kühlen.

Pro Stück: ca. 870 kJ / 208 kcal, E 5 g, F 11 g, KH 19 g

TIPP

Für die alkoholfreie Variante können Sie Prosecco einfach durch Wasser und den Cassis durch Johannisbeersaft ersetzen.

Pfirsich-Sekt

Mit Pfirsichsaft, Sekt und einem Hauch von Grenadine

Zutaten für 16 Stücke:

150 g Löffelbiskuit

125 g Butter

1 Dose Pfirsiche
   (abgetropft ca. 235 g)

3 Pck. PHILADELPHIA Doppel-
   rahmstufe (à 175 g)

300 g Joghurt

1 Prise Salz

2 EL Grenadine

1 Pck. gemahlene Gelatine

75 ml Sekt

75 g Zucker

Vorbereitungszeit: 30 Minuten
Kühlzeit: 3 Stunden

Zubereitung

1 | Löffelbiskuits in einen Gefrierbeutel füllen, Beutel verschließen und den Inhalt mit einem Nudelholz oder den Händen vollständig zerbröseln.

2 | Butter schmelzen, mit den Bröseln vermischen und in eine mit Backpapier ausgelegte Springform drücken.

3 | Pfirsiche gut abtropfen lassen, den Saft auffangen. Pfirsiche in Spalten schneiden.

4 | Philadelphia, Joghurt, 1 Prise Salz und Grenadine mit dem elektrischen Handrührgerät vermengen.

5 | Gelatine in 75 ml des Fruchtsaftes 10 Minuten einweichen. Alkohol und Zucker hinzufügen und alles unter gelegentlichem Rühren erwärmen, bis sich die Gelatine gelöst hat. Zügig unter die Philadelphia-Creme rühren.

6 | Creme in die Springform füllen. Die Torte für mindestens 3 Stunden kühlen. Mit Pfirsichspalten dekoriert servieren.

Pro Stück: ca. 967 kJ / 231 kcal, E 4 g, F 16 g, KH 18 g

TIPP Ersetzen Sie für die alkoholfreie Variante dieser Torte den Sekt einfach durch weitere 75 ml Pfirsichsaft oder Wasser.

Grüne Limette

Erfrischende Limettencreme mit Rohrzucker und Zuckerrohrschnaps

Zutaten für 16 Stücke:
150 g Löffelbiskuit
125 g Butter
3 Pck. PHILADELPHIA Balance
  (à 175 g)
300 g Joghurt
1 Prise Salz
1 Pck. gemahlene Gelatine
75 ml Tonic Water
75 g Rohrzucker
75 ml Zuckerrohrschnaps
1–2 Limetten (ausgepresst)

Vorbereitungszeit: 30 Minuten
Kühlzeit: 3 Stunden

Zubereitung

1 | Löffelbiskuits in einen Gefrierbeutel füllen, Beutel verschließen und den Inhalt mit einem Nudelholz oder den Händen vollständig zerbröseln.

2 | Butter schmelzen, mit den Bröseln vermischen und in eine mit Backpapier ausgelegte Springform drücken.

3 | Philadelphia, Joghurt und 1 Prise Salz mit dem elektrischen Handrührgerät vermengen.

4 | Gelatine im Tonic Water 10 Minuten einweichen. Rohrzucker, Alkohol und Limettensaft hinzufügen und alles unter gelegentlichem Rühren erwärmen, bis sich die Gelatine gelöst hat. Zügig unter die Philadelphia-Creme rühren.

5 | Creme in die Springform füllen. Die Torte für mindestens 3 Stunden kühlen. Nach Belieben mit Limettenscheiben dekoriert servieren.

Pro Stück: ca. 803 kJ / 192 kcal, E 5 g, F 11 g, KH 15 g

TIPP Wenn Sie den Zuckerrohrschnaps durch weitere 75 ml Tonic Water ersetzen, erhalten Sie eine fruchtig-frische alkoholfreie Variante.

Südsee-Cocktail

Aromatisch mit Ananasstückchen auf Kokosboden

Zutaten für 16 Stücke:

150 g Löffelbiskuit

125 g Butter

30 g Kokosraspeln

3 Pck. PHILADELPHIA Balance
   (à 175 g)

300 g Joghurt

1 Prise Salz

1 Dose Ananas (abgetropft 260 g)

1 Pck. gemahlene Gelatine

75 g Zucker

einige Tropfen Rumaroma

75 ml cremige Kokosnussmilch

Vorbereitungszeit: 30 Minuten
Kühlzeit: 3 Stunden

Zubereitung

1 | Löffelbiskuits in einen Gefrierbeutel füllen, Beutel verschließen und den Inhalt mit einem Nudelholz oder den Händen vollständig zerbröseln.

2 | Butter schmelzen, mit den Bröseln und den Kokosraspeln vermischen und in eine mit Backpapier ausgelegte Springform drücken.

3 | Philadelphia, Joghurt und 1 Prise Salz mit dem elektrischen Handrührgerät vermengen. Ananas gut abtropfen lassen, den Saft auffangen. Ananas in kleine Stücke schneiden, einige Stücke beiseitelegen.

4 | Gelatine in 75 ml Ananassaft 10 Minuten einweichen. Zucker, Rumaroma und Kokosmilch hinzufügen und alles unter gelegentlichem Rühren erwärmen, bis sich die Gelatine gelöst hat. Zügig unter die Philadelphia-Creme rühren. Anschließend die Ananasstücke unterheben.

5 | Creme in die Springform füllen. Die Torte für mindestens 3 Stunden kühlen. Mit Ananas und Kokosraspeln dekorieren.

Pro Stück: ca. 912 kJ / 218 kcal, E 5 g, F 14 g, KH 18 g

Die *Kleinen* & *Feinen*

DIE KLEINEN & FEINEN

Frühstücks-Kaffeekuchen

Gebackener Frühstückskuchen mit Philadelphia®-Kaffee-Marzipan-Füllung

Zutaten für 8 Stücke:
1 Backmischung für einen Hefeteig
175 g PHILADELPHIA Doppel-
rahmstufe
3 EL Jacobs® Krönung
Kaffeepulver
75 g Zucker
100 g Marzipanrohmasse
(in kleinen Stücken)

Vorbereitungszeit: 10 Minuten
Backzeit: 40 Minuten

Zubereitung

1 | Hefeteig nach Packungsanweisung zubereiten. Backofen auf ca. 180 °C (Umluft) vorheizen.

2 | Philadelphia, Kaffee, 2 EL Wasser, Zucker und Marzipan mit dem elektrischen Handrührgerät vermengen.

3 | Hefeteig ausrollen (ca. 30 x 40 cm), mit Philadelphia-Kaffee-Masse bestreichen und von der kurzen Seite her aufrollen.

4 | Von der Teigrolle daumendicke Schnecken abschneiden und in eine mit Backpapier ausgelegte Springform dicht aneinander schichten. Den Kuchen ca. 40 Minuten backen und vor dem Servieren gut abkühlen lassen.

Pro Stück: ca. 1766 kJ / 422 kcal, E 10 g, F 17 g, KH 58 g

TIPP Sie können die Teigschnecken auch einzeln auf einem mit Backpapier ausgelegten Blech ca. 20 Minuten im Ofen abbacken – so wird aus dem Frühstückskuchen ein leckerer Snack auf die Hand.

Feiner Bratapfelkuchen

Ein besonderer Genuss mit cremigem Philadelphia®, Äpfeln und aromatischer Vanille

Zutaten für 12 Stücke:

1 Backmischung für einen Hefeteig
(für ein Blech)
3 Pck. PHILADELPHIA Doppel-
rahmstufe (à 175 g)
125 g Zucker
2 EL Zitronensaft
Mark einer Vanilleschote
2 Eier
6 Äpfel (entkernt, in Hälften)

Vorbereitungszeit: 20 Minuten
Backzeit: 30 Minuten

Zubereitung

1 | Backofen auf 180 °C (Umluft) vorheizen. Hefeteig nach Packungsanweisung zubereiten, anschließend ausrollen (ca. 30 x 40 cm) und auf ein mit Backpapier ausgelegtes Backblech legen.

2 | Philadelphia, Zucker, Zitronensaft und Vanillemark mit dem elektrischen Handrührgerät vermengen. Die Eier nach und nach einrühren. Philadelphia-Creme auf dem Hefeteig verteilen.

3 | Äpfel an der Oberfläche leicht einschlitzen und in die Creme drücken. Den Kuchen ca. 30 Minuten im Ofen backen, auskühlen lassen und servieren.

Pro Stück: ca. 1556 kJ / 372 kcal, E 8 g, F 17 g, KH 47 g

TIPP
Verwenden Sie am besten säuerliche Äpfel. Weihnachtlich schmeckt dieser Kuchen lauwarm serviert mit etwas Zimt bestreut.

Süße Schnecken

Eine kreative Alternative zum Apfelstrudel: Kuchenschnecken mit Rosinen und Äpfeln

Zutaten für 12 Stück:
2 Äpfel
1 Backmischung für einen Hefeteig
   (für ein Blech)
5 EL PHILADELPHIA Balance
50 g Rosinen
1 Prise Zimt

Vorbereitungszeit: 15 Minuten
Backzeit: 25 Minuten

Zubereitung

1 | Backofen auf 180 °C (Umluft) vorheizen. Äpfel entkernen und in kleine Stücke schneiden.

2 | Hefeteig nach Packungsanweisung zubereiten, anschließend ausrollen (ca. 30 x 40 cm). Philadelphia auf dem Hefeteig verstreichen, mit Apfelstücken und Rosinen belegen und mit Zimt bestreuen, anschließend von der kurzen Seite her aufrollen.

3 | Von der Teigrolle 12 daumendicke Schnecken abschneiden, auf ein mit Backpapier ausgelegtes Backblech legen und ca. 25 Minuten backen.

Pro Stück: ca. 863 kJ / 206 kcal, E 6 g, F 7 g, KH 31 g

TIPP Die Kuchenschnecken schmecken auch lecker mit einem Belag aus Philadelphia, einigen Bananenscheiben und Pflaumenmus.

Schoko-Brownies

Ein amerikanischer Klassiker mal anders: Mit Philadelphia® und braunem Zucker!

Zutaten für 16 Stücke:

125 g Milka® Schokolade
    Zartherb
125 g Butter
150 g brauner Zucker
3 Eier
75 g Mehl
250 g PHILADELPHIA Balance
50 g Zucker
1 Pck. Vanillezucker

Vorbereitungszeit: 15 Minuten
Backzeit: 35 Minuten

Zubereitung

1 | Backofen auf 180 °C (Umluft) vorheizen. Schokolade und Butter im Wasserbad oder in der Mikrowelle schmelzen, dabei mehrmals umrühren.

2 | Braunen Zucker und zwei Eier mit dem elektrischen Handrührgerät schaumig schlagen, geschmolzene Schokoladenmasse dazugeben, anschließend mit dem Mehl verrühren.

3 | Philadelphia, Zucker, Vanillezucker und ein Ei in einer zweiten Schüssel verrühren.

4 | Die Schokoladenmasse in eine Brownie-Backform (ca. 23 x 23 cm) geben, die Philadelphia-Masse darauf verteilen und mit einer Gabel oder einem Kochlöffel marmorieren. Brownies etwa 35 Minuten im Backofen backen.

Pro Stück: ca. 879 kJ / 210 kcal, E 4 g, F 12 g, KH 21 g

TIPP Natürlich können Sie anstelle der Brownie-Backform auch eine Auflaufform ähnlicher Größe verwenden!

Waldbeer-Tiramisu

Fruchtig-geschichtete Tiramisu-Variation mit Waldbeeren

Zutaten für 6 Portionen:

250 g Waldbeerenmischung
 (frisch oder tiefgekühlt)
400 g PHILADELPHIA
 Balance Joghurt
200 g Joghurt
2 EL Zitronensaft
4 EL Zucker
125 g Löffelbiskuit
100 ml Orangensaft

Zubereitungszeit: 10 Minuten

Zubereitung

1 | Tiefgekühlte Waldbeerenmischung auftauen und abtropfen lassen.

2 | Philadelphia, Joghurt, Zitronensaft und Zucker mit dem elektrischen Handrührgerät vermengen.

3 | Die Hälfte der Löffelbiskuits in Orangensaft tauchen und den Boden einer Kastenform (ca. 25 x 11 cm) damit auslegen.

4 | Die Hälfte der Creme darauf verteilen, anschließend die Beerenmischung darübergeben.

5 | Eine zweite Lage Löffelbiskuits daraufschichten und mit dem übrigen Orangensaft beträufeln. Die übrige Creme darauf verteilen und servieren.

Pro Portion: ca. 1190 kJ / 284 kcal, E 9 g, F 11 g, KH 35 g

TIPP

Natürlich können Sie auch Philadelphia Balance oder Philadelphia Doppelrahmstufe verwenden.

Philadelphia® - Tiramisu

Cremiges Tiramisu mit Philadelphia® und Joghurt – lecker!

Zutaten für 6 Portionen:
100 ml Jacobs® Kaffee (frisch
   gebrüht)
5 EL Mandellikör
400 g PHILADELPHIA
   Balance Joghurt
200 g Joghurt
2 Pck. Vanillezucker
1 EL Zucker
125 g Löffelbiskuit (ca. 20 Stück)
Kaba® Kakaopulver zum Bestäuben

Vorbereitungszeit: 25 Minuten
Kühlzeit: 2 Stunden

Zubereitung

1 | Kaffee gut auskühlen lassen und mit dem Mandellikör mischen.

2 | Philadelphia mit Joghurt, Vanillezucker, Zucker und etwa 7 EL der Kaffee-Mandellikör-Mischung mit dem elektrischen Handrührgerät glatt rühren.

3 | Eine Kastenform (ca. 25 x 11 cm) mit Klarsichtfolie auslegen. Den Boden mit Löffelbiskuits auslegen und mit der Hälfte der übrigen Kaffee-Mandellikör-Mischung beträufeln.

4 | Die Hälfte der Creme darauf verteilen und den Vorgang mit einer zweiten Schicht wiederholen. Tiramisu mindestens 2 Stunden kühlen und vor dem Servieren mit Kakaopulver bestäuben.

Pro Portion: ca. 1192 kJ / 284 kcal, E 9 g, F 10 g, KH 34 g

TIPP Für die alkoholfreie Variante des Tiramisu können Sie anstelle des Likörs auch Mandelsirup verwenden!

Schok'Orange-Törtchen

Kleine Törtchen für besondere Momente

Zutaten für 4 Portionen:
100 g PHILADELPHIA Balance
100 g Joghurt
1 EL Zitronensaft
3 Orangen
3 Blatt Gelatine
2 EL Zucker
1 Biskuitboden (dunkel oder hell)
50 g Côte d'Or®
   Intense 70% Cacao

Vorbereitungszeit: 10 Minuten
Kühlzeit: 2 Stunden

Zubereitung

1 | Philadelphia, Joghurt, Zitronensaft und 1 Prise Salz mit dem elektrischen Handrührgerät vermengen.

2 | Eine Orange auspressen, die übrigen filetieren. Gelatine in kaltem Wasser kurz einweichen und ausdrücken. Mit Orangensaft, Zucker und Orangenfilets erwärmen, bis sich die Gelatine gelöst hat. Zügig unter die Philadelphia-Creme rühren.

3 | Mit 4 Tassen Biskuitkreise ausstechen. Creme in die Tassen einfüllen, je einen Biskuitkreis vorsichtig darauflegen und für mindestens 2 Stunden kühlen.

4 | Mit einem Messer am Tassenrand entlangschneiden, Desserts stürzen und mit den übrigen Orangenfilets anrichten. Schokolade schmelzen und über das Dessert geben.

Pro Portion: ca. 1307 kJ / 312 kcal, E 8 g, F 12 g, KH 41 g

TIPP Die Schokolade können Sie einfach im Wasserbad oder in einem geeigneten Gefäß in der Mikrowelle schmelzen.

Weintrauben-Häppchen

Kleiner Snack für zwischendurch – frisch, leicht und schnell gemacht

Zutaten für 4 Portionen:

175 g PHILADELPHIA so leicht

50 g fettarmer Joghurt

1 EL Zucker

1 EL Zitronensaft

12 Kekse (z.B. Haferkekse)

120 g Weintrauben
  (kernlos, halbiert)

Zubereitungszeit: 10 Minuten

Zubereitung

1 | Philadelphia, Joghurt, Zucker, Zitronensaft und 1 Prise Salz mit dem elektrischen Handrührgerät vermengen.

2 | Jeweils einen Klecks der Creme auf die Kekse geben, verstreichen und mit Weintrauben dekorieren.

Pro Portion (3 Stück): ca. 916 kJ / 219 kcal, E 8 g, F 9 g, KH 27 g

TIPP

Die leckeren Kekshäppchen können Sie je nach Saison auch mit frischen Blaubeeren, Himbeeren oder anderen Früchten belegen.

Philadelphia®-Pralinen

In Kakao gewälzte Pralinen mit cremig-frischer Füllung

Zutaten für 20 Stück:

100 g Milka® Alpenmilch
Schokolade

100 g PHILADELPHIA Doppel-
rahmstufe

2 EL Puderzucker

Mark einer Vanilleschote

2 EL echter Kakao

20 kleine Pralinenförmchen

Vorbereitungszeit: 15 Minuten
Kühlzeit: 30 Minuten

Zubereitung

1 | Schokolade im Wasserbad oder in der Mikrowelle schmel-
zen.

2 | Flüssige Schokolade, Philadelphia, Puderzucker und das Mark
der Vanilleschote vermengen und ca. 30 Minuten in den Kühlschrank stellen.

3 | Aus der Philadelphia-Masse 20 runde Pralinen formen, diese
im Kakao wälzen und in Pralinenförmchen setzen. Pralinen gut
gekühlt aufbewahren.

Pro Stück: ca. 207 kJ / 48 kcal, E 1 g, F 3 g, KH 4 g

TIPP

Sie können die Philadelphia-Pralinen auch in
Krokant oder Schokostreuseln wälzen.

Rezeptregister

Impressum

Hinweis

Die Ratschläge/Informationen in diesem Buch sind von Autoren und Verlag sorgfältig erwogen und geprüft, dennoch kann eine Garantie für deren Richtigkeit nicht übernommen werden. Eine Haftung der Autoren bzw. des Verlags und seiner Beauftragten für Personen-, Sach- und Vermögensschäden ist ausgeschlossen.

Bildnachweis

Titelfoto: Kai Schwabe Fotografie, Bremen
alle anderen Rezeptfotos: Kraft Foods
weitere Fotos: Südwest Verlag: 4/5, 12, 13 re. (Felbert&Eickenberg), 13 li. (Klaus Arras)

Dank

Das Philadelphia®-Team dankt allen Beteiligten, die geholfen haben, dieses Buch zu gestalten.

Redaktionsleitung	Susanne Kirstein
Projektleitung und Rezeptentwicklung	Kraft Foods Ideen Center
	Heike Hauerken, Birte Grimm
Korrektorat	Susanne Langer
Layout	Eva M. Salzgeber, Neubeuern
Covergestaltung	Maria Seidel, Atelier Seidel – Verlagsgrafik, Teising
Bildredaktion	Sabine Kestler
Projektrealisation, Satz	v*büro – Jan-Dirk Hansen, München
Litho	Artilitho, Lavis - Trento (IT)
Gesamtherstellung	Neografia, a.s. printing house, Martin

Printed in the EU

978-3-8289-3497-9

2012   2011   2010
Die letzte Jahreszahl gibt die aktuelle Lizenzausgabe an.

Einkaufen im Internet:
www.weltbild.de